AF259945

Oc
1510

Somme
A. 469
185

LA
LÉGITIMITÉ
EN
ESPAGNE.

Tous droits de reproduction et de traduction réservés.

DU MÊME AUTEUR :

De l'Influence de la Littérature française sur l'esprit public et les mœurs.

France et Angleterre. (Traduit en anglais).

Le Gouvernement et la Constitution britanniques au XVIIIe siécle. (Traduit en italien).

DÉPOT LÉGAL
Somme
N° 169
1875

LA
LÉGITIMITÉ
EN
ESPAGNE.

PAR

CH. M. DE LOISNE,

Ancien Gouverneur de la Martinique.

PARIS.
LIBRAIRIE ESPAGNOLE DE E. DENNÉ SCHMITZ,
Commissionnaire
pour l'Espagne et les Etats d'Amérique,
15, RUE MONSIGNY, 15.

1875.

Tous droits de reproduction et de traduction réservés.

LA LÉGITIMITÉ

EN

ESPAGNE.

Sous le titre la *Question dynastique en Espagne,*
M. Aparisi y Guijarro vient d'écrire une brochure dont
la traduction française est fort libéralement envoyée
dans toutes les villes de France. L'auteur s'efforce d'y
prouver que le prétendant don Carlos est l'héritier légitime de la couronne espagnole.

Pour tout esprit impartial c'est sans doute une question fort digne d'intérêt, mais son importance poli-
tique n'est pas aussi considérable que les carlistes
affectent de le croire. Si par des raisons exclusivement
locales, les provinces pyrénéennes combattent de nouveau pour la cause qu'elles avaient déjà défendue
dans les années qui suivirent la mort de Ferdinand VII,
l'immense majorité de l'Espagne s'est ralliée au Roi
Alphonse, de même qu'elle s'était ralliée à la Reine
Isabelle, et le moment est proche où ces provinces
seront forcées de déposer les armes. Nous vivons dans
un siècle où il faut compter avec la volonté nationale.
Ce serait d'ailleurs une erreur de croire qu'il n'en a
pas été ainsi à diverses époques de l'histoire d'Espagne.

Philippe V, notamment, le fondateur de la dynastie des Bourbons vit ses droits contestés les armes à la main par des provinces entières qui s'étaient déclarées pour le prétendant autrichien. La Péninsule était alors plus divisée qu'elle ne l'est aujourd'hui sur la question dynastique et le droit légitime des prétendants ; le maréchal de Vendôme la trancha à Villaviciosa et affermit la couronne sur la tête du petit-fils de Louis XIV.

La monarchie avait été élective à l'origine, ce ne fut que dans le IX⁰ siècle qu'elle devint héréditaire, cependant les grands eurent toujours la prétention de donner ou tout au moins de reconnaître le pouvoir royal. M. Aparisi y Guijarro le constate lui-même lorsqu'il dit que « les peuples ou les grands paraissent s'être » souvenus selon les occasions de leur ancien droit et » qu'ils en usèrent, » et lorsqu'il déclare « que la cou- » tume qui se conserva cinq siècles de prêter serment » aux fils durant la vie de leurs pères fut comme une » ombre de ce droit primitif que possédaient les sujets » d'élire leurs princes. »

Cette remarque très juste de l'écrivain carliste a d'autant plus d'importance qu'en 1833, du vivant de Ferdinand VII, les Cortès, d'après cet antique usage, prêtèrent en présence du Roi à sa fille Isabelle, Princesse des Asturies, le serment de fidélité.

M. Aparisi y Guijarro, après avoir cité divers exemples de la transmission de la couronne par la volonté de la nation ou des grands, ajoute : « Je ne dis » pas que dans toutes ces occasions, le royaume ait » bien agi, mais je soutiens que pendant plusieurs » siècles, la monarchie fut élective et que même après » qu'elle fut regardée comme héréditaire, il resta

» comme des souvenirs du droit ancien. Le royaume
» en usa ou n'en usa pas, selon ce qu'il crut conve-
» nable, mais s'il consentit quelquefois à laisser hériter
» des femmes, il voulut toujours pour rois des hommes.»
Il reconnaît d'ailleurs que « la femme, en Castille, fut
» généralement considérée comme apte à hériter à
» défaut de mâles, mais il ne veut pas qu'elle put
» régner, c'était son mari, ou son fils à sa majorité,
» qui avait le pouvoir. » L'écrivain carliste pour con-
tester aux femmes le droit de gouverner, ne parle
pas seulement du peuple hébreu et du peuple romain,
il cite ces paroles de saint Paul : Je veux que vous
sachiez que le Christ est le chef de tout homme et que
l'homme est le chef de la femme ; il remonte encore
plus haut, jusqu'à Adam et il rappelle que Dieu a dit
à Eve : *Sub viri potestate eris.*

Comme il ne s'agit pas en ce moment de savoir si
une femme peut ou non gouverner un peuple, nous ne
suivrons pas l'auteur dans ses lointaines pérégrina-
tions et dans ses aphorismes moraux et religieux.
Nous nous contenterons seulement de lui répondre que
« s'il n'a jamais pu comprendre une femme-Roi, »
bien des nations l'ont compris et admis sans s'en être
pour cela plus mal trouvées ; ainsi l'Angleterre, l'Au-
triche-Hongrie, la Russie, voire même la Castille.

Mais la question légale qui se pose aujourd'hui pour
l'Espagne n'est pas celle de savoir si une femme est
apte à gouverner, mais seulement si elle est apte à
succéder à son père à défaut d'héritiers mâles dans la
branche directe et à léguer la couronne à son fils.
M. Aparisi y Guijarro est bien forcé de le reconnaître.
Les exemples abondent en effet :

Pétronille d'Aragon épouse, en 1151, Raymond, comte de Barcelone, et *abdique en faveur de son fils*.

Eléonore d'Aragon, épouse en 1375, Jean Ier, roi de Castille et de Léon, dont elle a deux fils : Henri III, qui hérite, du chef de son père, de ces deux Etats, tandis que Ferdinand Ier hérite, du *chef de sa mère*, de la Catalogne et de l'Aragon.

Voilà pour l'Aragon ; voici pour la Castille :

Bérangère, reine de Castille, mariée à Alphonse IX, roi de Léon, *abdique du vivant de son mari*, en 1217, *en faveur de son fils, Ferdinand III*.

On voit bien par ces exemples que d'après l'antique coutume des royaumes d'Espagne, les femmes héritaient des rois leurs pères et possédaient en propre leurs royaumes, dont elles disposaient du vivant de leurs maris pour leurs enfants.

Ce fut d'abord la coutume, cela devint la loi écrite. Cette loi est désignée sous le nom : *des Partidas*, dont l'auteur fut Alphonse X. Il y est dit que : « Les » hommes sages et entendus établirent que la souve-» raineté du royaume échérait toujours, par héritage, » aux descendants directs, et que, par suite, *s'il n'y* » *avait pas d'enfant mâle*, *la fille aînée hériterait du* » *royaume....* Et même ils réglèrent que si le fils aîné » mourait avant d'hériter et laissait un fils ou une fille » de sa femme légitime, celui-ci ou *celle-ci aurait l'hé-* » *ritage et non un autre.* »

Ainsi dans les temps anciens, la coutume et la loi écrite reconnaissaient également le droit de la femme dans la branche directe à hériter de la couronne, à l'exclusion des enfants mâles des branches collatérales. Ce principe établi, examinons de quelle manière il fut

appliqué dans les temps modernes, lorsque par le mariage de Ferdinand d'Aragon et d'Isabelle de Castille
l'unité espagnole fut définitivement constituée.

La contestation qui s'éleva alors entre le Roi et la
Reine pour savoir auquel des deux appartenait la couronne de Castille et Léon est un fait très digne d'intérêt
pour les historiens et pour les hommes d'Etat.

Ferdinand, en sa qualité d'arrière-petit-fils de
Jean Ier, roi de Castille, était le représentant de la
branche collatérale. Il se trouvait vis-à-vis d'Isabelle
exactement dans les mêmes conditions que le prétendant actuel Don Carlos se trouve vis-à-vis de la reine,
mère du roi Alphonse ; son aïeul, Ferdinand Ier, roi
d'Aragon, était le propre frère de Henri III, aïeul
d'Isabelle-la-Catholique. Il réclama, en cette qualité,
les royaumes de Castille et Léon dont Isabelle, sa
femme, avait hérité, et pour le faire, il voulut s'appuyer
sur le consentement des grands de la Castille. M. Aparisi
y Guijarro nous donne leur délibération : « On ne
» trouvera pas d'exemple, disaient-ils, qu'en présence
» d'un prince de la ligne royale masculine de Castille
» ou de Léon, une femme eut été héritière de la
» couronne. C'est une remarque que doivent faire
» ceuxqui s'opposent à la souveraineté de Ferdinand
» par droit de succession, s'ils ne veulent s'égarer
» malgré tous les faits qu'ils citent. Ces faits prouvent
» aussi contre Isabelle, si elle prétend, ainsi qu'ils le
» disent, exclure son mari, si non du nom de roi, au
» moins de la réalité du pouvoir royal. Car *si plusieurs*
» *fois les femmes succédèrent ou parurent succéder au*
» *royaume*, la vérité est que ce fut plutôt pour leurs
» maris et leurs fils que pour elles-mêmes, puisque

» ce furent ceux-ci qui eurent le gouvernement et
» l'autorité à l'exclusion de leurs épouses ou de leurs
» mères........ »

Lorsqu'on pèse avec maturité cet avis, on est amené
à croire que les grands, favorables aux prétentions de
Ferdinand d'Aragon, n'étaient pourtant pas absolument convaincus de son droit à hériter de la couronne
de Castille et Léon, en qualité de représentant mâle de
la branche collatérale. Si ce droit eut été bien évident
pour eux, il n'y avait nulle nécessité d'aborder, comme
ils le firent, une question qui n'était pas en discussion,
celle de savoir si le mari de la Reine devait exercer le
pouvoir. Or , c'est là dessus principalement que les
grands insistent (1). Du droit de succession ils ne disent
qu'un mot, sans fournir aucune preuve à l'appui, ils
s'efforcent au contraire de démontrer la nécessité de
remettre le gouvernement entre les mains du mari de
la Reine, ils citent de nombreux exemples où l'époux
ou le fils ont exercé le pouvoir royal. Mais, même en
admettant le bien fondé de ces exemples, ils ne prouvent
qu'une chose, c'est que la Reine, au nom de laquelle
mari ou fils gouvernait. avait hérité de la couronne.

On pourrait déjà en conclure que le roi d'Aragon
n'était nullement fondé dans sa prétention à l'héritage
des royaumes de Castille et Léon, mais la question ne
fut pas longtemps indécise. Les Docteurs, de même

---

(1) Nous n'avons cité ci-dessus que le début de cette démons-
tration très longue et un peu diffuse. Il est clair que si les
grands y insistent tant, c'est qu'ils savent que le roi n'est pas
fondé à réclamer pour lui le royaume de Castille et Léon, et
qu'ils veulent qu'en qualité de mari de la Reine, il en ait du
moins le gouvernement.

que la nation, affirmèrent le droit d'Isabelle. Nous n'avons pas la résolution qu'ils prirent et nous ne connaissons pas tous les motifs sur lesquels ils s'appuyèrent pour prouver que cette Princesse était, à l'exclusion du Prince de la branche collatérale, la légitime souveraine de la Castille. D'après Ferdinand del Pulgar, ils insistèrent sur ce que « selon la loi d'Espagne et en
» particulier du royaume de Castille, les femmes
» étaient capables d'hériter et *que l'héritage leur appar-*
» *tenait à défaut d'héritier* mâle *descendant en ligne*
» *directe*, usage qui avait toujours été observé en
» Castille. » On exposa en outre, touchant le gouver-
» nement du royaume, « *qu'il appartenait à la Reine,*
» *en qualité de propriétaire du royaume*, puisque le
» droit ne permettant pas qu'aucun royaume put être
» donné en dot, s'il ne pouvait être donné, moins
» encore le Roi pouvait gouverner ce que en droit il
» ne pouvait recevoir. »

Ainsi, les Docteurs de la Loi reconnurent, non-seulement qu'Isabelle était souveraine légitime de ses Etats, mais encore qu'elle seule pouvait et devait y exercer le pouvoir. La prétention soulevée par Ferdinand d'Aragon mettait sa femme dans une situation très délicate. Attachée à son mari, elle redoutait de le blesser et de perdre son amour ; mais, héritière de la maison de Castille et Léon, elle avait à remplir ses devoirs de souveraine ; mère, elle avait à sauvegarder les droits de sa fille Jeanne. Sa réponse fut très habile. La voici :
« Le différend qui s'est élevé touchant le droit de
» gouverner le royaume, ne m'a pas été moins désa-
» gréable qu'à vous. Quelle nécessité y a-t-il de
» délimiter les droits entre ceux dont les corps, les

» cœurs et les biens sont étroitement unis par le chaste
» amour et le nœud sacré du mariage? Qu'il soit permis
» aux autres femmes d'avoir quelque chose en propre
» et en dehors de leurs maris, serait-il raisonnable que
» je fusse avare de partager l'autorité, les richesses et
» le sceptre avec celui à qui j'ai donné toute mon âme ?
» Je serais bien insensée de ne pas vous préférer à
» tous les royaumes. *Où je serai Reine*, vous serez Roi,
» c'est-à-dire que vous gouvernerez tout sans excep-
« tion, ni limite aucune... Il était juste de dissimuler
» un peu à cause des circonstances, et *de montrer que*
» *nous faisions cas des Docteurs* qui, par leurs études,
» ont acquis une réputation de prudence. . . . . . . Il est
» vrai que, dans cette affaire, deux circonstances se
» sont présentées à propos : *la première est l'intérêt de*
» *notre fille dont on assurait ainsi la succession au trône,*
» *car si votre droit était certain, elle serait exclue de*
» *l'héritage paternel, chose hors de toute raison* et qui
» vous affligerait vous-même ; en second lieu , la
» nécessité de pourvoir à l'avenir de la Castille *dont les*
» *peuples doivent être gouvernés en paix* et donner les
» dignités du royaume, les châteaux, les revenus et
» les charges à des étrangers, c'est une chose que vous
» ne permettriez pas et qui ne pourrait arriver sans
» mécontentement et agitation dans le peuple. »

On voit qu'Isabelle maintint son droit à la couronne
de Castille, et pour le faire elle s'appuya à la fois et
sur l'avis des Docteurs « qui, par leurs études, ont
acquis une réputation de prudence, » et sur la volonté
de ses peuples qui *devaient être gouvernés en paix.*
Elle remplit à la fois son devoir de souveraine en pré-
servant ses sujets des mécontentements et des agita-

tions ; elle remplit son devoir de mère en maintenant le droit de sa fille à hériter d'elle. Ferdinand d'Aragon ne persista pas dans ses prétentions, il se contenta d'écarteler son écusson des armes de Castille, et tous les actes royaux continuèrent à être rendus aux noms du Roi et *de la Reine*.

A la mort d'Isabelle, en 1504, sa fille Jeanne, épouse de Maximilien d'Autriche , est proclamée reine de Castille et Léon. .

Non-seulement Ferdinand son père ne lui conteste pas cet héritage, en qualité de chef de la branche collatérale, mais lorsqu'en 1506 par suite de la folie de Jeanne et de la mort de son époux, l'archiduc d'Autriche, lés Etats de Castille et Léon lui donnent la Régence, il l'accepte, et gouverne ces royaumes jusqu'à sa mort, en 1516, au nom de sa malheureuse fille. Celle-ci avait eu un fils, qui devait porter dans l'histoire le nom glorieux de Charles-Quint et joindre sur sa tête à la couronne d'Espagne, la couronne d'Allemagne. Les Cortès, en 1518, à sa majorité, lui prêtent serment, mais en le faisant, elles maintiennent énergiquement les droits de sa mère : « Si la Reine parvenait à
» recouvrer la santé et la raison, alors, lui disent-ils, le
» prince se séparerait du gouvernement et remettrait
» l'Etat aux mains de sa mère, et tant que la Reine
» vivra privée de raison, les chartes, ordonnances royales
» et tous autres actes du pouvoir, porteront en tête, et
» d'abord son nom, et ensuite, celui de son fils, qui
» n'aura pas d'autre titre que celui de prince d'Es-
» pagne. »

Nous n'avons pas besoin d'insister sur l'importance de cette déclaration des Cortès pas plus que sur le fait antérieur de la Régence acceptée par Ferdinand en 1506. Il est de toute évidence que ce Prince avait complètement abandonné les prétentions qu'il avait un instant émises jadis à la royauté de la Castille et de Léon en qualité de représentant mâle de la branche collatérale et qu'il avait, d'accord en cela avec les Docteurs de la Loi et les Cortès, successivement reconnu d'abord à sa femme Isabelle, puis à sa fille Jeanne, le droit d'hériter de ces royaumes. Il est également démontré que les Cortès avaient consacré ces droits établis par la coutume et par la loi *Partida* et qu'elles voulurent même sous le grand et glorieux règne de Charles-Quint, alors que la maladie de sa mère ne laissait aucun espoir de guérison, que les droits de celle-ci à la couronne d'Espagne n'en fussent pas moins explicitement maintenus dans tous les actes royaux, comme un suprême hommage rendu à la Loi.

Ainsi, au moment où s'était constituée l'unité espagnole, où tous les royaumes se fondirent en un seul royaume, par le mariage de Ferdinand et d'Isabelle, la Providence voulut que cette princesse héritière de la ligne directe, se trouvât en présence des prétentions d'un prince, son cousin et son mari, représentant la branche collatérale et non-seulement le peuple et les Docteurs tranchèrent la question en faveur de la Reine, mais l'enfant issu de ce mariage qui fut appelé par le testament de son père, comme par celui de sa mère, à réunir sur sa tête toutes les couronnes d'Espagne, cet enfant fut une fille dont les droits sont à diverses reprises affirmés par les Cortès.

On ne sera donc pas surpris que lorsqu'à la demande de Philippe V, les Cortès en 1713, modifièrent la loi

dite *Partida*, que l'écrivain carliste, M. Aparisi y Guijarro, déclare (aveu précieux !) *avoir été en vigueur* jusqu'à ce prince, elles reconnurent et le fondateur de la dynastie bourbonnienne reconnut avec elles, *qu'elles dérogeaient aux lois et coutumes antérieures.* Dans la convocation que Philippe V leur adresse, il dit expressément : « Le Conseil d'Etat m'a démontré que j'avais
» le pouvoir et le devoir de procéder avec les Cortès à
» faire une LOI NOUVELLE *réglant la succession au trône*
» *dans ma descendance pour les lignes masculines de pré-*
» *férence* aux lignes féminines, en plaçant ma descen-
» dance masculine de mâle en mâle avant celle des
» femmes. »

Dans la promulgation de cette loi nouvelle, le Roi s'exprime en ces termes : « L'avis des deux conseils
» étant que pour donner à l'acte une plus grande
» validité et stabilité et le faire accepter universellement,
» le royaume fût appelé à concourir à l'*établissement de*
» *la nouvelle Loi,* comme il se trouvait réuni dans les
» Cortès, formées de ses députés assemblés en cette
» ville... Ceux-ci après avoir pris connaissance des
» consultes des deux conseils, s'être rendu compte de
» la justice de ce NOUVEAU RÈGLEMENT et avoir apprécié
» les avantages qui en résultent pour l'intérêt pu-
» blic, m'ont demandé à adopter comme loi fonda-
» mentale de la succession au trône, le *susdit nou-*
» *veau règlement* EN DÉROGEANT AUX LOIS ET COUTUMES
» CONTRAIRES. »

« Tel est le dispositif de la loi par laquelle Philippe V
» accordait à ses descendants mâles le droit de succéder
» de préférence aux femmes et à leurs descendants,
» quand même celles-ci et leurs descendants seraient à

» un degré plus rapproché de filiation... Voulant que
» *cet ordre devienne la loi fondamentale du royaume*
» *nonobstant la loi de Partida.* »

Il était tellement démontré que jusqu'alors les royaumes d'Espagne avaient été régis par la loi 2, titre XIX de la *Partida* rendue par Alphonse X au XIIIe siècle, que le marquis de San Felipe, zélé partisan et historien de Philippe V, s'exprime en ces termes au sujet de la loi nouvelle : « *Il paraissait dûr à plusieurs* » *qui regardaient plus à* L'ANCIENNETÉ DE LA COUTUME » *qu'à la justice d'abroger la loi* par laquelle les » femmes arrivaient à succéder à la couronne, et cette » objection avait d'autant plus de poids à leurs yeux » que cette loi avait permis à la Maison de Bourbon de » succéder au trône. » Cette abrogation ne se fit pas d'ailleurs sans de grandes difficultés, malgré le désir extrême que le Roi en témoignait. Le marquis de San Felipe le dit expressément : « Lorsque Philippe V porta » l'affaire devant le Conseil Royal, il y eut une telle » divergence d'opinions toutes ambiguës ou absurdes. » qu'à la fin on n'aboutit à aucune conclusion. Cette » délibération *était plutôt une source de contestations et* » *de guerres civiles,* parce que M. le président François » Ronquillo, *ni la plupart des conseillers ne voyaient* » *d'un bon œil un changement de l'ordre de succession,* » *mais désiraient le maintien de l'ordre établi par les* » *anciens souverains, Ferdinand-le-Catholique et Isabelle* » *sa femme, qui avaient réuni sur la tête de leur fille* » *Jeanne les couronnes d'Aragon et de Castille.* »

Hélas ! pourquoi Philippe V et les Cortès ne furent-ils pas éclairés par cette opposition du Conseil Royal et ne virent-ils pas le danger de *modifier la loi fondamentale et d'introduire un nouvel ordre de succession, source de contestations et de guerres civiles !*

Je ne discuterai pas le plus ou moins de légalité de cet acte. Je ne rappellerai pas que le Roi le 10 mai 1713 promulgua le *nouveau réglement*, que le 14, il le fit communiquer aux Cortès en ces termes impératifs : « Aux Députés du Royaume, réunis en Cortès : Excel- » lence, Sa Majesté, que Dieu garde, par son *décret* » royal du 13 du courant, s'est déterminée à remettre » au bureau des honorables députés aux Cortès la » nouvelle loi ci-incluse *qui devra d'après ses ordres,* » *former le réglement de succession dans cette monar-* » *chie,* pour qu'elle soit notifiée avant sa publication » à V. Exc. siégeant aux Cortès, et *enregistrée en vos* » *archives,* et que diligence soit faite pour qu'elle soit » publiée en la forme ordinaire. Ce dont j'informe » V. Exc. pour qu'elle veuille bien, en ce qui la con- » cerne, *exécuter l'ordre de Sa Majesté,* et me retourner » la loi précitée pour sa publication. » Je ne dirai pas que les Cortès se hâtèrent servilement d'enregistrer *cet ordre,* je ne mentionnerai pas l'absence d'un grand nombre de députés (1), notamment ceux de la Catalogne

(1) « Il est évident, délibérait à Séville, le 17 janvier 1810, le Conseil d'Espagne et des Indes, il est évident que le nouveau réglement de 1813 est illégal d'un bout à l'autre. Il ne s'appuie que sur de fausses raisons. Il est clair que cette loi d'agnation est nulle. En la faisant, Philippe V déchirait de ses propres mains le droit en vertu duquel il était lui-même monté sur le trône. Elle est nulle parceque ce monarque, en croyant à tort qu'il était le maître de l'établir, comme si le réglement inté- rieur de sa famille quant à la libre disposition de ses royaumes appartenait à lui seul, *usa de facultés qu'il n'avait pas au préju-*

et des îles Baléares ; je ne contesterai pas le droit que, nonobstant, les Cortès s'attribuèrent de valider, en l'enregistrant dans leurs archives, un décret abolissant la loi fondamentale du royaume. Je reconnais qu'une nation a toujours le pouvoir de modifier l'ordre de succession au trône et de se donner la dynastie qui lui convient. C'est précisément en vertu de ce droit qu'il est impossible de refuser aux Cortès, en 1789, le pouvoir dont elles usèrent de revenir à la loi *Partida*, c'est à dire de rétablir la succession dans la ligne directe au profit de la fille aînée, à défaut d'enfant mâle, et quoiqu'il existât des princes issus d'une branche collatérale. Quand elles prirent cette résolution, Don Carlos était déjà venu au monde.

Le retour à l'antique constitution des Espagnes, est naturellement vivement attaqué par les carlistes et par leur écrivain, M. Aparisi y Guijarro. Il prétend que les Cortès qui la décrétèrent en 1789, à la demande de Charles IV, n'avaient pas été spécialement convoqué pour cet objet. Cette objection n'a pas de valeur, puisque cet auteur reconnaît lui-même que « dans ces » derniers siècles, on vit s'introduire de la part des » Rois la coutume d'exiger des bourgs et des villes » ayant droit de vote, que leurs procureurs fussent

---

dice du peuple et de ses successeurs. Cette loi est nulle parceque la pression exercée sur ceux qui s'appelaient représentants des Cortès est historiquement et notoirement connue, elle est nulle à cause du défaut complet de représentation de l'Amérique, à qui cette façon de changer l'ordre de succession devait déplaire plus encore qu'à l'Espagne. Ces terres ayant été conquises par la Reine catholique Dona Isabelle, en qualité de Reine de Castille et Léon, ce dont fut jaloux son auguste époux. »

» munis de pouvoirs suffisants, non seulement pour
» traiter la question qui était l'objet de la convocation,
» mais encore les autres questions qu'il pourrait être
» convenable de traiter. » Il est de plus certain qu'aucune loi n'était contraire à cette coutume, de sorte que les Cortès en 1789 purent légalement rétablir l'ordre ancien de succession, sans avoir été expressément convoquées pour cela. Elles agirent, en le faisant, suivant la coutume des siècles précédents et ne violèrent aucune loi.

Il n'est d'ailleurs pas exact de prétendre qu'elles n'avaient pas été réunies dans ce but, car voici les termes de la convocation royale : « Sachez qu'ayant
» désigné le 27 septembre de cette année (1789) pour
» que mes royaumes et sujets prêtent serment au
» prince Ferdinand, mon très cher et très aimé fils,
» dans l'église du couvent royal de Saint-Jérome, de
» Madrid, conformément aux lois, droits et antiques
» coutumes de mes royaumes, j'ai résolu d'ordonner,
» comme je le fais, que vous nommiez en la forme
» dont vous avez la coutume d'user en pareils cas, des
» députés qui, en votre nom et au nom de toute la
» province, *prêteront le serment* que vous êtes obligés
» à faire au Prince Ferdinand, mon très cher et très
» aimé fils *et que vous octroyez à ces députés et qu'ils*
» *apportent avec eux vos pouvoirs amples et suffisants*
» *pour traiter, entendre, pratiquer, confier, octroyer et*
» *conclure en l'assemblée des Cortès, d'autres affaires, si*
» *elles étaient proposées, qu'il paraîtrait convenable de*
» *résoudre, régler et accorder touchant l'objet ci dessus*
» *rapporté.* »

Ainsi, il ne s'agit pas seulement, dans cette convocation des Cortès par Charles IV, de leur faire prêter serment à son fils Ferdinand, comme héritier légitime de la couronne, les députés auront, en outre, pleins pouvoirs pour octroyer et conclure d'autres affaires touchant l'objet de la succession au trône. Donc, elles se considèrent comme ayant tout droit de modifier cette loi de succession. Elles ne firent sur cet objet aucune objection, et elles votèrent à l'unanimité, séance tenante, le rétablissement de l'ancienne loi *Partida*, d'après laquelle la fille aînée héritait du royaume, à défaut d'enfant mâle, et bien qu'il y eut un prince de la branche collatérale. Ce qui donne plus d'importance encore à leur décision, c'est que lorsqu'elles la prirent, Charles IV avait déjà deux fils. Ferdinand et don Carlos.

M. Aparisi y Guijarro raille la rapidité de leur délibération. « Heureux temps, dit-il, fortunés mortels ! » Toute cette besogne fut achevée par ces honorables » députés dans la matinée du 30 septembre, puis... ils » allèrent se reposer. » La raillerie n'est jamais un argument sérieux, et les carlistes ont d'autant moins raison de l'employer, que nous avons vu les Cortès, en 1713, enregistrer, *de suite* en une seule séance, le nouveau règlement de succession au trône sur lequel Don Carlos fonde ses droits.

On se demande, d'ailleurs, pourquoi les Cortès auraient été obligées d'entendre de longs discours, d'avoir de nombreuses séances pour voter le retour à la loi fondamentale de l'Espagne, puisqu'elles avaient pouvoir de le faire, et qu'elles étaient unanimes dans cette résolution qui excluait Don Carlos et ses descendants du trône, si Ferdinand avait une fille.

Je sais bien que M. Aparisi y Guijarro parle de ces

députés avec un souverain mépris, laissant entendre que la plupart d'entre-eux se seraient vendus. Il ne le prouve pas. Ce sont là des armes dont tous les partis se servent· et on en a dit autant des députés qui en 1713 s'étaient empressés, sur l'*ordre* du Roi, de modifier l'antique Loi du Royaume. Certes, ceux-ci furent, tout au moins traités par Philippe V avec une hauteur et un dédain qui contraste avec les formes employées par Charles IV. Ils reçoivent le 14 mai, la signification d'un décret qui change de fond en comble l'ordre de succession au trône établi de temps immémorial en Espagne, avec ordre d'enregistrer ce décret dans leurs archives, et le même jour, l'enregistrement a lieu. En 1789, au contraire, Charles IV fait savoir à ses fidèles Cortès, le 23 septembre, qu'il les verrait avec plaisir prendre l'initiative d'une adresse par laquelle « il serait
» supplié nonobstant l'innovation faite par l'édit de
» 1713, d'ordonner l'*observation et le maintien pour la*
» *succession de la Monarchie*, de la coutume existant de
» temps immémorial, inscrite dans la loi 2 titre 15,
» *Partida 2...* » Les Cortès rédigent cette pétition ; le 30 septembre, ils la votent ; le 3 octobre, ils la signent et nomment une commission pour la porter au Roi , la chargeant « de demander à Sa Majesté la
» stricte exécution de la loi *Partida* qui règle confor-
» mément à la coutume suivie de temps immémorial en
» Espagne l'ordre de succession régulière à la Cou-
» ronne, et qu'il plaise à Sa Majesté d'*abroger* l'acte
» publié en 1713 , contrairement audit usage immé-
» morial. »

Ce vote si explicite qu'il soit ne suffit pas à Charles IV, il veut encore l'avis des prélats du

Royaume, pensant qu'en cette matière il ne saurait s'entourer de trop de lumières et qu'au vœu de ses sujets, légalement exprimé par les Cortès, il faut joindre le vœu de son clergé. Les prélats sont *unanimes* pour le supplier de sanctionner le retour à la loi *Partida*, et on ne saurait trop recommander à l'attention des hommes impartiaux leur avis motivé, car il est impossible de mettre mieux en évidence la parfaite légalité du vote des Cortès, rétablissant l'antique droit des filles à hériter de la Couronne à défaut d'enfants mâles dans la branche directe :

« A la suite du plus sérieux examen, disent les
» prélats, comme les plus intéressés à la félicité de ce
» Royaume, et en qualité de représentants du clergé,
» nous *sommes unanimement* d'avis que Votre Majesté
» peut et doit en conscience et justice accéder à la
» pétition des Cortès ; elle peut le faire parce que son
» autorité souveraine législative ne peut être révoquée
» en doute, surtout quand *elle se fonde et s'appuie sur*
» *la proposition faite par tous les députés du Royaume*
» et précédemment par le Gouverneur du Conseil de
» Castille, avec les délégués de Votre Majesté assistant
» aux Cortès. Votre Majesté doit ensuite *accéder en*
» *conscience et justice à cette pétition*, parce que les
» motifs que les Cortès ont invoqué auprès de Votre
» Majesté sont d'un grand poids et convaincants. Puis,
» nous devons regarder comme des époques heureuses
» autant celles où s'est effectuée la réunion des cou-
» ronnes de Castille et de Léon, sous le règne de la
» reine Berengère et de son fils saint Ferdinand, que
» celles où la réunion de la couronne d'Aragon a été
» le fruit du mariage des souverains catholiques, Isa-

» belle et Ferdinand, et pour comble de félicité *nous*
» *avons vu se compléter cet ordre de choses sous le règne*
» *de Philippe V qui est monté sur le trône comme repré-*
» *sentant des droits de son aïeule,* l'infante dona Marie-
» Thérèse d'Autriche, sœur du roi Charles II, dernier
» souverain du Royaume (de la maison d'Autriche), en
» dépit des oppositions qu'il y eut contre cet ordre de
» succession *à cause de la renonciation au bénéfice de*
» *cette loi que fit l'infante dona Marie-Thérèse au moment*
» *de son mariage.* A cette époque, *l'avis des théologiens*
» *et jurisconsultes fut que les droits de l'infante et de*
» *ses descendants subsistaient dans toute leur force sans*
» *s'être altérés* le moins du monde *par les traités de*
» *transaction et de renonciation, parce que, comme*
» *l'exprime le Roi, don Alphonse le Sage, dans la loi de*
» *Partida, de son temps, c'était déjà la coutume immé-*
» *moriale qu'à la succession héréditaire de la Couronne,*
» *l'héritier mâle était préféré à la fille, et la fille aînée*
» *à la cadette, à défaut d'héritiers mâles dans la branche*
» *directe...* Marie-Thérèse a bien pu renoncer pour
» elle-même, au bénéfice de la loi *Partida, mais elle ne*
» *pouvait en aucune manière altérer les droits de son*
» *petit-fils, Philippe V. En effet les droits de ce Prince*
» ne prenaient pas naissance dans son aïeul, mais ils
» *procédaient en ligne directe du chef et avaient leur*
» *racine à la base et à l'origine même de la loi de*
» *succession du Royaume,* qui lui avait été transmise
» de génération en génération par les souverains. »

On voit la force de cet argument des évêques. Il ne
tend à rien moins qu'à mettre en cause la légitimité
même de la dynastie des Bourbons. La pensée des
prélats, à peine voilée, est celle-ci : Si vous, Prince de

la Maison de France, vous ne posez pas comme un principe absolu que nul souverain ne peut porter atteinte à la loi fondamentale qui a établi l'ordre de succession au trône, dès le jour où la Monarchie est devenue héréditaire en Espagne, vous proclamez par cela même l'illégitimité de votre race et sa déchéance, car Philippe V n'a été appelé au trône que par application de cette loi. Or, son aïeule, Marie-Thérèse, en épousant Louis XIV, *avait renoncé*, tant en son nom, *qu'au nom de ses descendants*, à en revendiquer les bénéfices. Si cette renonciation n'a pas été reconnue valable par les théologiens et les jurisconsultes, c'est qu'ils ont pensé qu'il n'était pas possible de porter atteinte à la constitution du Royaume, qui établit de temps immémorial l'ordre de succession au trône, donc la dynastie des Bourbons moins que toute autre, n'avait le pouvoir de changer la loi *Partida*, en vertu de laquelle elle régnait, et d'enlever aux filles le droit supérieur et antérieur qu'elles tenaient de cette loi, de succéder au trône à défaut d'enfants mâles dans la branche directe. On voit que les prélats faisaient une application personnelle à la Maison des Bourbons de l'axiome romain : Nul ne peut légiférer contre le droit. Ils posaient en outre un autre dilemme :

« De deux choses l'une, ajoutaient-ils, ou Philippe V » pouvait, avec les Cortès et sans les Prélats, modifier » la coutume suivie de temps immémorial pour la suc- » cession, et qui est établie avec tant de solidité par la » susdite loi *Partida*, ou bien ce Monarque ne le pou- » vait pas.

» S'il pouvait annihiler tout l'antique droit, et même » compter pour rien l'ordre régulier dicté par la nature,

» à plus forte raison Votre Majesté peut, avec le con-
» cours des Cortès et des Prélats, rétablir les choses et
» l'ordre de succession dans leur état primitif, naturel,
» civil et régulier, selon l'antique méthode et la cou-
» tume de temps immémorial. Si Philippe V ne pouvait
» pas faire ce qu'il a fait, Votre Majesté doit, en cons-
» cience et justice, accueillir favorablement la pétition
» des députés du Royaume. »

Il importe de remarquer, en présence de l'adhésion que le parti catholique, en France, donne actuellement aux prétentions de don Carlos, que l'avis si fortement motivé que je viens de citer, fût *unanimement* signé par tous les Prélats d'Espagne, l'Inquisiteur général, les Archevêques de Tolède, de Sarragosse, de Grenade, les Evêques de Cordoue, de Léon, de Barcelone, de Pampelune, etc., etc.

Cette résolution des Cortès et des Prélats ne fût pas rendue immédiatement publique; toutefois, on en eût connaissance. Pendant la guerre de l'indépendance, le 13 janvier 1810, le Conseil d'Espagne, dans son avis à la Junte, sur la question de succession, rappelait que « l'acte de 1713 *avait été solennellement aboli, du con-* » *sentement unanime de tous les députés qui siégeaient* » *aux Cortès de* 1789, *ce qui était public* et notoire » dans cette vaste Monarchie, en dépit du silence qui » avait été imposé pour des causes et motifs qui ont » cessé d'exister. » Les députés qui firent, à Cadix, la Constitution de 1812, y insérèrent l'article 180, ainsi conçu : « A la mort de Ferdinand VII, succéderont ses *descendants légitimes, Princes* ou PRINCESSES ; à la mort de ceux-ci succéderont ses frères et ses oncles.

En 1830, le Roi Ferdinand promulgua, par une

pragmatique sanction, l'acte des Cortès de 1789, six mois avant la naissance d'Isabelle, alors qu'il ne savait pas si la Reine lui donnerait un fils ou une fille. Je reconnais que cette manière de procéder est un peu insolite. Je ferai cette concession aux partisans de don Carlos, qu'il eût été plus régulier que Charles IV, en 1789, édictât la résolution des Cortès. Mais lorsque Ferdinand eût fait connaître cette résolution, les députés y donnèrent d'abord leur assentiment, car aucun d'eux ne protesta, puis ils la consacrèrent avec éclat par la prestation de serment, qu'ils firent en 1833, en présence du Roi, à l'infante dona Isabelle, Princesse des Asturies, en qualité *d'héritière légitime* du Royaume. Ainsi se renouait la chaîne du temps brisée à l'avènement de Philippe V. La loi *Partida* était rétablie, et le serment était prêté suivant l'antique coutume, souvenir de l'époque où au berceau de l'Espagne, la couronne était élective.

Je crois avoir établi d'une manière irréfutable :

1° Que la loi dite *Partida*, édictée au XIII° siècle, consacrée par Isabelle et Ferdinand-le-Catholique, en vertu de laquelle la fille aînée héritait du Royaume, à défaut d'enfant mâle dans la branche directe, et à l'exclusion des Princes des branches collatérales, a été la loi fondamentale de l'Espagne jusqu'en 1713 ;

2° Qu'en 1789, les Cortès rétablirent légalement cette loi ;

3° Qu'elle fut sanctionnée en 1830, par la Pragmatique sanction et par l'assentiment des Cortès;

4° Qu'elle reçut sa consécration définitive par la prestation de serment des Cortès à Isabelle, Princesse des Asturies ; en 1833.

Enfin, il est incontestable que la Nation y a donné son consentement et l'a reconnue loi fondamentale du Royaume, puisque les Cortès, après la mort de Ferdinand VII, repoussèrent les prétentions de Don Carlos et soutinrent énergiquement les droits de la Reine Isabelle.

Il n'est pas possible, au XIX° siècle, de prétendre qu'une Assemblée nationale ne puisse modifier l'ordre de succession au Trône ; mais si on le veut absolûment, on ne peut pas alors établir qu'en 1713, elles eurent ce droit qu'on leur refuse aujourd'hui. Le dilemme est irréfutable. Ou bien les députés ont agi légalement à cette époque, en changeant l'antique Constitution espagnole, et alors, leurs successeurs, en 1789 et dans ce siècle, ont eu le droit de rétablir cette Constitution ; ou en 1713 ils ont fait un acte illégal, et alors la loi *Partda* reste la loi fondamentale de l'Espagne. En vertu de cette loi, le Roi Alphonse, fils d'Isabelle, est l'héritier légitime de la Couronne, il l'est également en vertu des votes des Cortès.

Mais, objecte-t-on, le traité d'Utrecht et celui de Vienne, en 1725, ont reconnu aux Princes de la branche collatérale de droit d'hériter, à défaut d'enfant mâle dans la branche directe. Ce sont des traités internationaux qui lient également toutes les Nations qui y ont pris part. Ces traités ne peuvent plus être invoqués, puisque l'Espagne et les puissances contractantes ont successivement reconnu la Reine Isabelle, puis le Roi Alphonse. Par le seul fait de cette reconnaissance, ils sont virtuellement abrogés, comme a été abrogé le traité de Vienne, de 1815, par la reconnaissance du Roi Léopold en Belgique, du roi Victor-Emmanuel en

Italie, et par celle du Roi Guillaume, en qualité d'Empereur d'Allemagne.

Ainsi, en droit Européen, le Roi Alphonse est le Roi légitime de l'Espagne, et nous avons démontré qu'il l'était également en droit espagnol, d'après la coutume, d'après la loi fondamentale du Royaume, édictée par Alphonse X, et d'après les votes réitérés des Cortès.

Il y a donc lieu de s'étonner de voir le prétendant actuel, Don Carlos, et ses partisans, accuser le Roi Alphonse XII de représenter la Révolution. Révolution veut dire un changement subit et radical dans la Constitution ou l'ordre de succession au Trône. Or, s'il y eut un acte révolutionnaire dans le sens propre du mot, ce fut lorsque les Cortès, en 1715, abolirent la loi de succession, en vertu de laquelle Philippe V était appelé au Trône d'Espagne, et on comprend mieux que jamais aujourd'hui, que le Conseil royal, à cette époque, *trouva dùr d'abroger cette antique Constitution ; qu'il vit ce changement,* cette Révolution *de mauvais œil, et qu'il craignit qu'elle ne devint une source de contestations et de guerres civiles !*

Beaucoup de Français, les légitimistes surtout, croient que Philippe V et les Cortès introduisirent en Espagne la loi salique qui avait toujours régi la maison de Bourbon, et ils en tirent cette conclusion que Ferdinand VII, prince de cette maison n'avait pas le droit de violer cette loi. Mais ils commettent une erreur très grande et qu'il importe de réfuter. Philippe V n'introduisit pas dans ses Etats la constitution de sa dynastie, la loi salique, qui excluait de la couronne à jamais et dans tous les cas, les femmes et leurs descendants. Par l'acte de 1713, les femmes, au contraire, continuèrent a être aptes à régner, cet acte — et c'était en cela seulement qu'il dérogeait à la loi *Partida*, — cet acte, disons-nous, établissait leur exclusion dans le cas « où il se trouvait des descendants » mâles du Roi en ligne directe ou collatérale, tant » que la ligne masculine ne serait pas interrompue. »

Le réglement de 1713 fut donc, ainsi que le Roi et les Cortès le reconnurent d'ailleurs, un *réglement absolument nouveau* soit qu'on se place au point de vue de la loi espagnole dite *Partida*, soit qu'on se place au point de vue de la loi française, dite *salique*.

Aucun intérêt national n'exigeait ce changement. Le peuple espagnol ne désirait pas qu'on modifiât la coutume ancienne et l'ordre de succession au trône établi depuis le XIIIᵉ siècle. L'historien La Fuente dit formellement que « Philippe V redoutait le méconten- « tement que la loi nouvelle pourrait produire parmi » le peuple. » Le Roi et la Reine la voulurent « par » amour pour leurs fils » ce sont les termes dont se sert leur partisan, le marquis de San Felipe. Philippe V ayant été contraint de renoncer pour lui et ses descendants à la couronne de France, demanda et obtint des puissances signataires des traités d'Utrecht et de Vienne que l'ordre nouveau de succession qu'il fit voter par les Cortès fut inséré dans ces traités coinjointement avec la clause de renonciation au trône de France.

Ces puissances ayant en 1833 et en 1875 admis et reconnu le droit de l'Espagne à revenir à son antique constitution, il est évident qu'en droit international la clause qui excluait de la couronne de France les descendants de Philippe V est par cela même abrogée, puisque ces deux articles des traités de 1713 et 1725 étaient connexes.

Nous trouvons, en effet, dans les *Etudes historiques, politiques et morales*, du prince de Polignac, une protestation du duc d'Orléans contre la Pragmatique sanction rétablissant l'ordre ancien de succession en Espagne, promulguée en 1830 par Ferdinand VII.

« A l'époque, dit le prince de Polignac, à laquelle se
» traitait la question de l'ordre de succession au trône
» d'Espagne, M. le duc d'Orléans (depuis Louis Phi-
» lippe) me rendait de fréquentes visites, le matin, au
» ministère des affaires étrangères. Il me remettait
» diverses notes tendant à prouver que Ferdinand VII
» n'avait pas le droit d'abolir par un simple décret un
» ordre de succession reconnu par l'Europe et garanti
» par les traités. »

Le duc d'Orléans se trompait, ce n'était pas un décret, c'était une résolution des Cortès, légalement prise en 1789, nous l'avons prouvé. Mais le duc ne pouvait juger impartialement cet acte. « Ce n'est pas
» seulement comme français, disait-il au prince de
» Polignac, que *je prends un vif intérêt à cette question,*
» *c'est aussi comme père.* Dans le cas, en effet (ce qui
» n'arrivera jamais de mon temps) où nous aurions le
» malheur de perdre M. le duc de Bordeaux, sans qu'il
» laissât d'enfants, la couronne reviendrait à mon fils
» aîné, pourvu que la loi salique fut maintenue en
» Espagne ; car, si elle ne l'était pas, *la renonciation*
» *faite par Philippe V au trône de France en son nom*
» *et au nom de ses descendants mâles, serait frappée de*
» *nullité, puisque ce n'est qu'en vertu de cette renon-*
» *ciation que les descendants mâles de ce prince ont*

» *acquis un droit incontestable à la couronne d'Espagne ;*
» *mais si ce droit leur est enlevé, ils peuvent réclamer*
» *celui que leur donne la loi salique française à l'héritage*
» *de Louis XIV.* »

Cette déclaration du duc d'Orléans devenu quelques mois plus tard Louis Philippe, Roi des Français, a bien son importance, bien qu'elle renferme une singulière erreur, celle de prétendre que Philippe V avait introduit la loi salique en Espagne, ce qui est absolument inexact, nous l'avons démontré. C'est en se plaçant au point de vue de ses droits personnels, et dans l'intérêt de ses fils que le duc d'Orléans protestait, et il le faisait avec d'autant plus de vivacité et d'insistance qu'il reconnaissait à Don Carlos et à ses descendants le droit de se poser en prétendants à la couronne de France, étant plus proches parents que lui et ses fils du duc de Bordeaux, si l'Espagne et les puissances contractantes des traités de Vienne et d'Utrecht abrogeaient d'un commun accord le nouvel ordre de succession inséré dans ces traités.

Plus tard, lorsque la révolution de 1830 lui donna la couronne et qu'il crut sa dynastie affermie, non seulement il oublia complètement sa protestation, qu'il eut sans doute préféré alors n'avoir pas faite, mais il prêta un aide très efficace à la reine Isabelle et finit son règne par cet acte qu'on a appelé « les mariages espagnols. »

Il paraît donc impossible aujourd'hui de trouver une base sérieuse aux prétentions de Don Carlos. Ces prétentions ne peuvent légitimement s'appuyer ni sur les traités d'Utrecht et de Vienne, car ils ont été virtuellement abrogés le jour où les puissances contractantes, d'accord avec l'Espagne, ont successivement reconnu la reine Isabelle et le roi Alphonse, ni sur l'acte des Cortès en 1713, car les actes postérieurs dcs Cortès en 1789 et 1833, et depuis, ont rétabli le droit antique des femmes à succéder à leurs pères, à défaut. d'enfants mâles dans la branche directe et à l'exclusion des enfants mâles des branches collatérales.

Il est incontestable pour tout esprit impartial que cette loi qui date du XIII⁰ siècle, appliquée déjà par la coutume dans les siècles précédents, restée en vigueur jusqu'en 1713, rétablie en 1789, promulguée en 1830, sanctionnée en 1833, est redevenue légalement par le consentement de la nation espagnole et de l'Europe, la loi qui régit l'ordre de succession au trône d'Espagne.

C'est pourquoi le roi Alphonse XII, en prenant possession de ses Etats, a pu dire avec une incontestable autorité « *qu'il était le souverain légitime du* » *royaume.* »

Il a le bonheur de représenter à la fois le droit ancien et le droit moderne, puisque la loi de succession et l'élection ont à la fois consacré son pouvoir. Il est véritablement Roi par la grâce de Dieu et par la volonté nationale.

Amiens. — Typographie L. Challier.

BIBLIOTHEQUE NATIONALE DE FRANCE

3 7531 00850758 5

www.ingramcontent.com/pod-product-compliance
Lightning Source LLC
Chambersburg PA
CBHW061346050726
47595CB00005B/2100